VITAMINREICHE GEMÜSEKÜCHE

VITAMINREICHE GEMÜSEKÜCHE

Redaktion: Mascha Kauka, Moosburg, Ingeborg Pils, München
Gesamtherstellung: NEUER HONOS VERLAG, Köln

INHALT

Die Rezepte sind, wenn nicht anders angegeben, für 4 Portionen berechnet.

GEMÜSE – AUCH KALT EIN GENUSS

Herzhafter Rote-Bete-Salat

3	gekochte rote Beten, 700 g
1	Bund Schnittlauch
	Salz
	frisch gemahlener Pfeffer
2	Eßlöffel Weißweinessig
1	Eßlöffel Delikateßsenf
150 g	Crème fraîche
100 g	saure Sahne
1	Bund glatte Petersilie

Die gekochten und geschälten roten Beten in 3 mm dünne Scheiben schneiden und mit der Plätzchenform Herzen ausstechen.

Den Schnittlauch waschen, trockenschleudern und fein hacken.

Für die Marinade 1 Messerspitze Salz, reichlich frisch gemahlenen Pfeffer, Weißweinessig, Senf, Crème fraîche und saure Sahne verrühren. Mit Salz und Pfeffer abschmecken.

Die Petersilie waschen, trockenschleudern, die Blätter von den Stengeln zupfen und sehr fein hacken. Petersilie mit der Marinade verrühren.

Rote-Bete-Herzen auf einer Platte oder auf Portionstellern dekorativ anrichten und mit dem gehackten Schnittlauch bestreuen. Die Marinade getrennt dazu reichen.

Sellerie-Apfel-Möhrensalat

1	große Sellerieknolle
2	Äpfel
250 g	Möhren
	Saft von 1 Zitrone
1	Orange
1	Becher Magerjoghurt, 150 g
1	Prise Zucker
	Salz
	frisch gemahlener weißer Pfeffer
75 g	gehackte Walnußkerne

Sellerie und Äpfel waschen, schälen und vierteln. Das Kerngehäuse der Äpfel entfernen. Möhren putzen. Alles grob raspeln oder in feine Streifen schneiden, in eine Schüssel geben und sofort mit dem Zitronensaft beträufeln.

Die Orange schälen, vierteln und in dünne Scheiben schneiden. Unter die anderen Zutaten mischen.

Joghurt, Zucker, Salz und etwas Pfeffer verquirlen, über den Rohkostsalat gießen und gut durchmischen. Ziehen lassen und vor dem Servieren mit den Walnüssen garnieren.

Hirsesalat mit Minze

150 g	Hirse
	Salz
4	Frühlingszwiebeln
1	Bund glatte Petersilie
2	Eßlöffel frische Minzeblätter
4	Eßlöffel Zitronensaft
1	Eßlöffel Weißweinessig
	frisch gemahlener Pfeffer
7	Eßlöffel kaltgepreßtes Olivenöl
250 g	Tomaten
1	kleiner Kopfsalat

Die Hirse in einem Sieb unter fließendem, heißen Wasser gründlich abspülen. Dann in einem Topf mit 1/2 Liter Wasser und 1/2 Teelöffel Salz bei schwacher Hitze zugedeckt ca. 25 Minuten quellen lassen.

Die fertige Hirse in ein Sieb abschütten, mit kaltem Wasser abschrecken und auskühlen lassen.

Die Frühlingszwiebeln, die Petersilie und die Minze waschen und trockenschütteln. Die Frühlingszwiebeln in feine Röllchen schneiden, Petersilie und Minze hacken. Alle Zutaten in eine Salatschüssel geben.

Aus Zitronensaft, Weinessig, Salz, Pfeffer und Olivenöl ein Dressing anrühren. Über den Salat gießen, gut vermischen und zugedeckt 1 Stunde im Kühlschrank durchziehen lassen.

Die Tomaten und den Kopfsalat waschen und abtropfen lassen. Tomaten in kleine Würfel schneiden und unter den Hirsesalat heben.

Die Salatblätter auf einer großen Platte auslegen und den Hirsesalat in die Mitte häufen.

Bunter Paprikasalat mit Knoblauch-Dressing

500 g	Paprika (möglichst rote, gelbe und grüne Schoten)
2	mittelgroße Zwiebeln (à 100 g)
200 g	Schafskäse (40 % Fett i. Tr.)
	Salz, grob gemahlener Pfeffer
1	Becher (175 g) Dickmilch, 10 % Fett
	Saft einer 1/2 Zitrone
	Knoblauchpulver

Paprika in Streifen schneiden, Zwiebel schälen, in Ringe schneiden, Schafskäse zerbröckeln. Alles miteinander mischen, mit Salz und frisch gemahlenem Pfeffer würzen.

Für das Dressing Sahne-Dickmilch mit Zitronensaft glattrühren und mit Knoblauchpulver kräftig abschmecken. Zum Salat servieren.

Zucchinisalat

2 Zucchini
1 grüne Paprikaschote
Essigwasser
2 Stangen Staudensellerie
1 Kopfsalat
2 Eßlöffel Selleriekraut vom Staudensellerie

Marinade:
Salz
2 Eßlöffel Kräuteressig
1 Teelöffel mittelscharfer Senf
4 Eßlöffel Distelöl

Die Zucchini putzen, waschen, abtrocknen und in 4 cm lange Stifte schneiden.

Die Paprikaschote vierteln, entkernen und in Streifen schneiden, mit heißem Essigwasser überbrühen.

Die Selleriestangen putzen, abziehen und sehr fein schneiden.

Den Salat putzen, waschen, trockenschleudern und die Salatblätter auf vier tiefe Teller verteilen. Das Selleriekraut putzen, waschen und fein hacken.

Zucchini, Paprika und Sellerie in einer Schüssel miteinander vermischen.

Für die Marinade alle Zutaten verrühren. Dann über das Gemüse gießen, alles vermischen und 30 Minuten durchziehen lassen. Den Zucchinisalat auf die vier Teller verteilen. Zuletzt mit Selleriekraut bestreuen.

Mit Vollkornbaguette servieren.

Marinierte Schalotten

Am Vortag zubereiten

500 g	Schalotten
1	Knoblauchzehe
250 g	Möhren
4	Eßlöffel Olivenöl
1	Zitrone
1/8 l	Weißwein
50 g	Rosinen
1	Lorbeerblatt
	Salz
	frisch gemahlener Pfeffer
1	Teelöffel Thymian
250 g	Tomaten

Schalotten und Knoblauch abziehen, den Knoblauch fein hacken. Möhren putzen, schälen und würfeln.

Das Olivenöl in einem Topf erhitzen, Möhren und Knoblauch darin einige Minuten dünsten.

Zitrone auspressen. Den Saft mit Wein, 1/2 l Wasser, Rosinen, dem Lorbeerblatt, Salz, Pfeffer und Thymian zu den Möhren geben und aufkochen. Schalotten zufügen und bei schwacher Hitze zugedeckt ca. 20 Minuten garen.

In der Zwischenzeit die Tomaten kurz mit kochendem Wasser überbrühen, häuten und in kleine Würfel schneiden.

Das Schalottengemüse mit dem Kochsud in eine Schüssel geben und die gewürfelten Tomaten unterheben. Abkühlen lassen und anschließend im Kühlschrank mindestens 12 Stunden kalt stellen, damit das Gemüse durchziehen kann.

Bunte Gemüse-Eier-Terrine

4–6 Portionen

4	Eier
300 g	Zucchini
300 g	Möhren
400 ml	milde Gemüse- oder Hühnerbrühe
12	Blatt oder 2 Päckchen gemahlene weiße Gelatine
100 g	TK-Erbsen
250 g	Speisequark (20 % F. i. Tr.)
300 g	Naturjoghurt
	Salz
	weißer Pfeffer aus der Mühle

Die Eier anstechen und 8–10 Minuten hartkochen. Kalt abschrecken und schälen.

Inzwischen die Zucchini und die Möhren waschen und putzen, in 1–2 cm große Würfel schneiden.

In zwei kleinen Töpfen jeweils 200 ml Brühe aufkochen. Die Zucchiniwürfel in den einen, die Möhren in den anderen Topf geben, die Töpfe zudecken. Die Zucchini etwa 5 Minuten dünsten, die Möhren etwa 10 Minuten.

Inzwischen die Gelatine nach der Packungsbeschreibung in kaltem Wasser einweichen.

Die Erbsen zu den Zucchini in den Topf geben, das Gemüse noch einmal aufkochen und dann abtropfen lassen. Die Brühe auffangen.

Die Möhren ebenfalls abtropfen lassen, die Brühe allerdings wegen ihrer Färbung nicht für die Terrine verwenden.

Die Gelatine in der heißen Zucchinibrühe auflösen. Den Quark mit einem Schneebesen unterschlagen, dann auch den Joghurt. Die Mischung mit Salz und Pfeffer kräftig abschmecken.

Die Eier vierteln, die Viertel quer durchschneiden. Zusammen mit dem Gemüse vorsichtig unter die Joghurtcreme geben.

Alles in eine kleine Kastenform umfüllen und zugedeckt im Kühlschrank erstarren lassen.

Dazu schmeckt eine Vinaigrette aus grob geraspelten Radieschen, Weinessig, Salz, Pfeffer und Sonnenblumenöl.

Gemischter Kohl-Eintopf

700 g	Blumenkohl
400 g	Rosenkohl
350 g	Wirsing
300 g	Chinakohl
100 g	Butterschmalz
1	Messerspitze Muskat
2	Eßlöffel Kümmel
1	Lorbeerblatt
1 1/2	Eßlöffel rote getrocknete Pfefferkörner
2	Eßlöffel gekörnte Brühe
400 ml	Wasser
100 g	geriebener Allgäuer Emmentaler

Blumenkohl, Rosenkohl, Wirsing und Chinakohl waschen und putzen. Den Blumenkohl in Röschen schneiden, Wirsing und Chinakohl in kleine Stücke schneiden.

Das Butterschmalz in einem breiten Topf erhitzen. Den Blumenkohl 7 Minuten von allen Seiten anbraten. Nach und nach Rosenkohl, Wirsing und Chinakohl dazugeben, weitere 10 Minuten schmoren.

Muskat, Kümmel, Lorbeerblatt, Pfefferkörner, Brühe und Wasser dazugeben und bei geschlossenem Topf 20 Minuten bei kleiner Hitze fertigschmoren. Den Käse unterrühren und 5 Minuten ziehen lassen.

Krautnudeln

1	große Dose oder 800 g Sauerkraut
200 g	fetter durchwachsener Speck
4	Eßlöffel Brühe
1	Lorbeerblatt
350 g	breite Nudeln
	Salz
50 g	Butter

Das Sauerkraut zerpflücken.

Den Speck würfeln, in einer großen Pfanne ausbraten. Das Sauerkraut dazugeben. Kurz durchschmoren.

Inzwischen die Nudeln in Salzwasser nicht zu weich kochen, gut abtropfen lassen. Mit dem Sauerkraut vermischen und in den gewässerten Römertopf geben.

Den Topf schließen. Die Garzeit beträgt ca. 45 Minuten bei ungefähr 200° C.

Mit der Butter verfeinern, mit Salz abschmecken.

Ratatouille-Auflauf mit Hack

2 Portionen

125 g	Zwiebeln
3 1/2	Eßlöffel Öl
250 g	gemischtes Hackfleisch
1 1/2	Knoblauchzehen
1	Eßlöffel Tomatenmark
1	Messerspitze Paprika edelsüß
100 ml	Rotwein
1	Messerspitze Rosenpaprika
1	Teelöffel Zucker
100 g	Reis
	Salz
1	rote Paprikaschote
1	grüne Paprikaschote
1/2	Bund krause Petersilie
1	kleiner Zweig Rosmarin (oder 1 Teelöffel getrocknete Rosmarinnadeln)
2	Fleischtomaten
1	Aubergine
1	Zucchini
1/2	Salatgurke
3	Eier
100 g	Schlagsahne
75 g	Gruyère

Den Auflauf-Tontopf vor Gebrauch ca. 10 Minuten wässern.

Die Zwiebeln pellen und würfeln. In 2 Eßlöffel Öl glasig dünsten. Das Hackfleisch zerkrümeln und unter Rühren anbraten. Die Knoblauchzehen durchpressen und dazugeben, Tomatenmark und süßen Paprika unterrühren, den Wein angießen. Das Hackfleisch bei mittlerer Hitze durchschmoren, dann mit Salz, Rosenpaprika und Zucker würzig abschmecken.

Das Hackfleisch in den gewässerten Auflauf-Tontopf geben und auf dem Boden verteilen.

Den Reis 5 Minuten in Salzwasser kochen, dann gut abtropfen lassen und in 1,5 Eßlöffel mäßig heißem Öl wenden, bis alle Körner mit Fett überzogen sind.

Die Paprikaschoten der Länge nach in Sechstel schneiden, putzen und waschen. Je zwei Spalten roten und grünen Paprika fein würfeln, zum Reis geben und kurz andünsten. Die gehackte Petersilie und die zerkleinerten Rosmarinnadeln untermischen und auf das Hackfleisch schichten.

Die Tomaten einritzen, die Stilansätze herausschneiden, die Tomaten überbrühen, abschrecken, häuten und in dicke Scheiben schneiden. Die Aubergine waschen und in nicht zu dicke Scheiben schneiden. Die Zucchini waschen und schräg in 1/2 cm dicke Scheiben schneiden. Beide Gemüse 3 Minuten in stark gesalzenem Wasser vorgaren, abgießen. Die Salatgurke schälen und in 1/2 cm dicke Scheiben schneiden, die Paprikaspalten je einmal quer halbieren.

Die Gemüsescheiben in Reihen fast senkrecht und so dicht wie möglich in den Reis stecken. Die Eier mit der Sahne verrühren und leicht salzen, die Hälfte davon über das Gemüse gießen.

Den Deckel schließen und den Auflauf-Tontopf auf die mittlere Schiene des kalten Backofens stellen, aufheizen und ca. 20 Minuten bei 200° C backen.

Inzwischen den Käse fein raspeln und mit der restlichen Eiersahne verrühren. Den Auflauf aus dem Ofen nehmen, die Mischung über die Gemüse gießen. Den Auflauf-Tontopf ohne Deckel auf der mittleren Einschubleiste weitere 30 Minuten backen.

Gemischtes Gemüse, türkisch

Schmeckt kalt und warm gleich gut.

200 g	Paprikaschoten
200 g	Zucchini
200 g	Auberginen
200 g	Zwiebeln
4	Knoblauchzehen
4	Tomaten
	Salz
	frisch gemahlener Pfeffer
2	Eßlöffel gehackte Petersilie
1	Teelöffel Trocken-Kräutermischung der Provence
1/8 l	Weißwein
2	Eßlöffel Olivenöl
150 g	Joghurt (3,5 % Fett)
	evtl. Kurkuma

Alles Gemüse vorbereiten, grob zerschneiden und in den gewässerten Tontopf legen. Die Tomaten zerkleinert darübergeben. Mit den Gewürzen und Kräutern bestreuen. Mit dem Wein und dem Öl begießen, den Topf schließen.

Bei 180° C ungefähr 1,5 Stunden im Backofen garen. Danach den Joghurt unterziehen und eventuell mit Kurkuma nachwürzen.

Champignon-Chinakohl-Eintopf

2	Eßlöffel Speiseöl
2	Zwiebeln
200 g	Lachsschinken
500 g	frische Champignons
500 g	Chinakohl
1	Eßlöffel Sojasauce
	Pfeffer aus der Mühle
	Salz
2	Eßlöffel Schnittlauchröllchen

Champignons säubern und in Scheiben schneiden. Chinakohl waschen und in grobe Streifen schneiden. Zwiebel schälen und fein würfeln. Lachsschinken in feine Streifen schneiden.

Speiseöl in einem Topf erhitzen, die Zwiebelwürfel darin hell dünsten, Lachsschinken zugeben und anrösten. Champignonscheiben und Chinakohl zugeben. Mit Sojasauce, Pfeffer und Salz abschmecken, ca. 10 Minuten weiterköcheln lassen.

Zum Servieren mit Schnittlauchröllchen bestreuen.

Feinschmecker-Eintopf

400 g	Rindfleisch
2	Gemüsezwiebeln
60 g	Fett zum Braten
1	Salatgurke
	je 1 rote, gelbe und grüne Paprikaschote
2	Fleischtomaten
300 g	Maiskörner
500 g	Kartoffeln
1 l	Instant-Fleischbrühe
	Salz, Pfeffer
2	Eßlöffel Paprikapulver
1	Teelöffel Oregano
2	Knoblauchzehen

Das gewürfelte Fleisch mit den in Scheiben geschnittenen Zwiebeln kräftig im Fett anbraten.

In Scheiben geschnittene Gurke, geviertelte Paprikaschoten und geachtelte Tomaten dazugeben.

Ebenso die Maiskörner und die geschälten, kleingeschnittenen Kartoffeln.

Alles mit Brühe auffüllen und kräftig mit Salz, Pfeffer, Paprika, Oregano und zerdrückten Knoblauchzehen würzen. Ca. 45 Minuten köcheln lassen.

Gazpacho

Gazpacho ist ursprünglich eine kalte Suppe für heiße Tage in Andalusien. Es gibt viele Rezept-Variationen, jedenfalls muß alles gut gekühlt und pikant abgeschmeckt sein.

1	grüne Paprikaschote
200 g	sehr reife Tomaten
1/2	Salatgurke
100 g	frische Weißbrotwürfel
2	Knoblauchzehen
1	rote Chilischote
1	Messerspitze Kümmel
1	Eigelb
	Salz
	frisch gemahlener Pfeffer
150 ml	Olivenöl
4	Eßlöffel Sherryessig oder anderer nicht zu scharfer Weinessig
800 ml	Fleisch- oder Geflügelbrühe

Garnierung:

100 g	Weißbrotwürfel
1	Eßlöffel Butter
1	Zwiebel, fein gehackt
1/2	Paprikaschote oder Stücke von verschiedenfarbigen Schoten, fein gewürfelt
1	Stück Salatgurke, entkernt und gewürfelt
2	kleine, reife Tomaten, gehäutet, entkernt und gewürfelt

Paprikaschoten, Tomaten und Gurke waschen und in Stücke schneiden (Schale an der Gurke lassen, Kerne auskratzen).

Das Gemüse im Mixer pürieren und dabei nach und nach die Brotbrösel zugeben. Die Mischung 1 bis 2 Stunden in den Kühlschrank stellen.

Inzwischen die Mayonnaise zubereiten: Den Knoblauch abziehen, die Chilischote putzen und entkernen, beides mit dem Kümmel im Mörser stoßen.

Eigelb, Salz und Pfeffer zugeben und das Öl tropfenweise unterschlagen. Zuletzt den Essig in die Mayonnaise rühren.

Die gekühlte Gazpacho-Mischung mit der Mayonnaise verrühren und mit der Brühe aufgießen. Alles durch ein Sieb streichen. Abschmecken und bis zum Servieren wieder kühlen.

Die Weißbrotwürfel rösten und die gehackten Gemüseeinlagen in den Kühlschrank stellen.

Man verteilt die Gazpacho-Suppe tellerweise und jeder nimmt sich selbst von den Einlagen.

Wildkräutercreme

2	Bund oder 600 g Wildkräuter je nach Jahreszeit, wie z. B.: Sauerampfer, Rucola, Brunnen- oder Gartenkresse, Löwenzahn, Bärlauch, Portulak
1	Zwiebel
2	Eßlöffel Butter
1 l	Gemüse- oder Hühnerbrühe
200 g	Schlagsahne
2	Eigelb
	Salz
	frisch gemahlener Pfeffer
	Worcestershiresauce

Die Wildkräuter gründlich waschen und verlesen und die dicken Stengel entfernen. Etwas Kresse zum Garnieren aufheben, die restlichen Kräuter grob hacken.

Die Zwiebel abziehen und fein würfeln. Die Butter in einem weiten Topf zerlassen und die Zwiebel darin glasig dünsten. Die Kräuter zugeben, umrühren und mit der Brühe aufgießen. Die Suppe 5 Minuten bei mittlerer Hitze köcheln lassen.

Die Suppe mit dem Pürierstab oder im Mixer pürieren und zusammen mit der Sahne wieder aufkochen.

Das Eigelb mit etwas Suppe in einer Tasse verquirlen und unter die Suppe ziehen. Nicht mehr kochen lassen! Mit Salz, Pfeffer und Worcestershiresauce abschmecken.

Die übrige Kresse sehr fein hacken und auf die Wildkräutercreme streuen.

Beim Servieren der Suppe in Tellern, jede Portion mit einer Haube aus halbsteif geschlagener Sahne garnieren.

Tip: Wenn man nicht genügend Wildkräuter bekommt, kann die Menge durch einige Spinatblätter ergänzt werden.

Knoblauchsuppe

6	Knoblauchzehen
2	Eßlöffel Olivenöl
1 l	Fleischbrühe
1	Lorbeerblatt
2	Eier
	Salz
	frisch gemahlener Pfeffer
4	Scheiben Weißbrot

Die Knoblauchzehen abziehen und sehr fein hacken.

Olivenöl in einem Topf erhitzen, Knoblauch darin goldgelb andünsten. Die Fleischbrühe angießen, Lorbeerblatt hineingeben und die Suppe zum Kochen bringen. Bei schwacher Hitze zugedeckt 15 Minuten köcheln.

Die Eier trennen. Eigelb verquirlen, Eiweiß sehr steif schlagen.

Suppe vom Herd nehmen und mit dem Eigelb legieren. Mit Salz und Pfeffer kräftig würzen.

Weißbrotscheiben toasten.

Die Suppe in feuerfeste Suppenschalen verteilen, jeweils eine Scheibe Toast darauf legen und den Eischnee darüber verteilen.

Im vorgeheizten Backofen auf der oberen Schiene bei 220° C überbacken, bis der Eischnee leicht gebräunt ist.

Pürierte Gemüsesuppe

Nach Belieben können Sie immer andere Gemüsesuppen zubereiten. Sie können mehrere verschiedene Gemüsesorten mischen, aber auch nur eine oder zwei Sorten verwenden. Das Pürieren geht mit dem Pürierstab direkt im Topf am schnellsten. Dabei bleiben kleine Gemüseteilchen spürbar, die Suppe behält „Biß“. Ganz glatt wird sie nur, wenn man sie nach dem Pürieren durch ein feines Sieb passiert.

1	Zwiebel
600–700 g	gemischtes Gemüse (z. B. Möhre, Zucchini, Lauch, Sellerie)
1	Eßlöffel Butter oder Margarine
1–1 1/2 l	milde Gemüsebrühe
	Salz
	frisch gemahlener schwarzer Pfeffer
	frische Kräuter nach Belieben

Die Zwiebel schälen und klein würfeln. Das Gemüse putzen, waschen und ebenfalls klein würfeln.

Fett in einem breiten Topf aufschäumen, die Zwiebel darin glasig werden lassen. Das Gemüse einrühren und anschwitzen. Mit 1 l Brühe ablöschen, aufkochen und zugedeckt etwa 10 Minuten kochen lassen.

Mit dem Pürierstab oder im Mixer pürieren. Wieder aufkochen, eventuell mit Brühe bis zur gewünschten Konsistenz auffüllen. Mit Salz und Pfeffer würzen, mit Kräutern garnieren.

Selleriecremesuppe nach Veroneser Art

1	Stange Lauch
500 g	Knollensellerie
150 g	Möhren
30 g	Butter
	Salz
	Pfeffer
1 l	Fleischbrühe
1/2	Bund krause Petersilie
1	Brötchen
150 g	Schlagsahne
1	Eigelb
50 g	Parmesankäse, gerieben

Lauch putzen, gut waschen und in Ringe teilen. Sellerie und Möhren putzen, waschen, in dünne Stifte schneiden und in der Hälfte der Butter weich dünsten, dann den Lauch darauf geben. Das Gemüse durchrühren, salzen, pfeffern und einige Minuten bei starker Hitze weiterdünsten; mit Brühe aufgießen und zugedeckt bei mittlerer Hitze 10 Minuten garen. In der Zwischenzeit die Petersilie waschen und fein wiegen.

Das Brötchen in Würfel schneiden und in dem restlichen Fett anrösten. Beiseite stellen.

Anschließend das Gemüse mit einer Schaumkelle aus der Brühe heben, durch ein Sieb passieren oder mit einem Pürierstab pürieren und nochmals in der Brühe aufkochen.

Schlagsahne schaumig schlagen, mit Eigelb und dem Parmesankäse vermengen und flink in die Suppe einrühren. Nicht mehr aufkochen lassen!

Die Suppe portionsweise verteilen und eventuell mit einem gehackten Sellerieblatt bestreuen.

Die Brötchenwürfel dazu reichen. Auch gut gekühlt schmeckt die Suppe vorzüglich.

Variante: Statt Möhren eine zerquetschte Knoblauchzehe dazugeben und den Parmesankäse durch Roquefortkäse ersetzen.

Grünes Süppchen mit pochierten Eiern

200 g	gepalte, grüne Erbsen
200 g	Spinat
200 g	Zucchini
200 g	Broccoli
1	Bund Petersilie
1	Zweig Estragon
1–2	Blätter Liebstöckel
3/4 l	Gemüsebrühe
	Salz
	Pfeffer
4	Eier
4	Eßlöffel Essig

Die Erbsen kurz waschen und abtropfen lassen. Spinat (wenn frisch) waschen, verlesen, die Stengel abknipsen. Zucchini mit Schale in Scheiben schneiden. Broccoli putzen und in kleine Röschen zerteilen, die Stiele in dünne Scheiben schneiden. Die Kräuter waschen, Blättchen von den Stielen zupfen. Ein paar schöne Blättchen zum Garnieren beiseite legen.

Die Gemüsebrühe aufkochen. Zunächst die Erbsen und den Broccoli hineingeben und 15 Minuten köcheln. Inzwischen in einem Topf 2 l Wasser zum Kochen bringen, Essig zufügen. Die Eier einzeln in einer Suppenkelle aufschlagen und nacheinander ins siedende Wasser gleiten lassen – in 4 Minuten garen. Spinat(blätter) und Zucchinischeiben in die Suppe geben, kurz mitkochen lassen. Die Eier mit der Schaumkelle herausheben, auf Küchenpapier kurz abtropfen lassen und die ausgefransten Eiweißränder mit einer Schere glattschneiden.

Die Kräuterblättchen in die Suppe geben, die Grüne Suppe mit Salz und Pfeffer abschmecken. In Teller füllen. Obenauf ein Ei setzen und mit den restlichen Kräuterblättchen dekorieren.

Soljanka

8 Portionen

500 g	Rindfleisch
2 l	Wasser
2	Lorbeer-Blätter
5	Pfefferkörner
1	Stange Lauch (ca. 250 g)
4	Möhren (ca. 250 g)
1/2	Sellerieknolle (geputzt ca. 250 g)
3	Tomaten (ca. 200 g)
3	Schalotten
1/2	Bund Petersilie
5	Salzgurken
3	Eßlöffel Tomatenmark
20 g	Butter
100 g	durchwachsener Speck
250 g	Cabanossi
	Saft 1/2 Zitrone
	Pfeffer
	Salz
	Petersilie
	Dill
	Schnittlauch
2	Eßlöffel Kapern

Rindfleisch von Sehnen befreien, unter fließendem kalten Wasser gut abspülen, mit Lorbeerblättern und Pfefferkörnern in 2 Liter kaltem Wasser aufkochen. Ca. 1 Stunde kochen lassen, dabei gegebenenfalls Schaum abschöpfen.

Möhren, Lauch und Sellerieknolle waschen, putzen und zerkleinern. Mit Butter kurz andünsten, nach der Hälfte der Kochzeit an die Suppe geben. Salzen, pfeffern und evtl. einen Brühwürfel zugeben.

Wenn das Rindfleisch weich ist, aus der Brühe holen und in mundgerechte Stücke schneiden. Den durchwachsenen Speck würfeln, mit den fein geschnittenen Schalotten anbräunen, die in Scheiben geschnittene Cabanossi zugeben.

Tomaten würfeln, ebenfalls zugeben und kurz miterhitzen. Mit dem kleingeschnittenen Rindfleisch und den in Scheiben geschnittenen Gurken wieder in die Suppe geben, nochmals 15 bis 30 Minuten kochen lassen.

Dabei mit Tomatenmark und Zitronensaft abschmecken, nochmals pfeffern und salzen. Ganz zum Schluß mit frischen feingewiegten Kräutern wie Petersilie, Schnittlauch oder Dill bestreuen.

Zur Soljanka serviert man ein deftiges Schwarzbrot, sowie dicke saure Sahne oder Sahne–Dickmilch.

Champignons nach griechischer Art

500 g	vollreife Tomaten
500 g	Champignons
100 g	Zwiebeln
2	Knoblauchzehen
100 ml	Olivenöl
1	Eßlöffel Tomatenmark
	Salz
	frisch gemahlener Pfeffer
2	Frühlingszwiebeln

Die Tomaten kurz in kochendem Wasser blanchieren, häuten, halbieren und die Kerne entfernen. Das Tomatenfleisch würfeln.

Die Champignons abbrausen, auf Küchenpapier trocknen und putzen. Die Zwiebel und die Knoblauchzehen abziehen und hacken.

Das Olivenöl in einer weiten Kasserolle erhitzen. Zwiebel und Knoblauch darin anschwitzen, Tomatenwürfel, Tomatenmark und die Champignons zugeben und mit Salz und Pfeffer würzen. Das Gemüse bei guter Mittelhitze kräftig durchkochen.

Die Frühlingszwiebeln waschen, putzen und in sehr feine Ringe schneiden.

Das eingekochte Champignongemüse vom Herd nehmen und auskühlen lassen. Mit den Frühlingszwiebeln bestreuen und als kalte Vorspeise servieren oder als Beilage in einem Büfett.

Dazu paßt Fladenbrot oder mit Knoblauch geröstete Baguettescheiben.

Spinat in Käse-Creme-Sauce

1 kg	Spinat
1	Schalotte
1	Knoblauchzehe
20 g	Butter
1/8 l	Weißwein
1/8 l	Schlagsahne
100 g	deutscher Edelpilzkäse (50 % Fett i. Tr.)
2	Eigelb

Spinat verlesen, gründlich waschen und tropfnaß in einen Topf geben. Zugedeckt dünsten, bis die Blätter zusammenfallen. Abtropfen lassen.

Für die Sauce Schalotte und Knoblauchzehe abziehen und fein würfeln. Beides in die geschmolzene Butter geben und andünsten. Den Edelpilzkäse in kleine Stücke schneiden, hinzufügen und unter Rühren schmelzen lassen. Anschließend vom Herd nehmen, Eigelb verschlagen und unterrühren. Die Sauce zum Spinat reichen.

Griechisches Fenchelgemüse

750 g Fenchel
250 g reife Tomaten
2 Eßlöffel kaltgepreßtes Olivenöl
Saft von 1 Zitrone
1/2 Teelöffel gerebelter Majoran
1 Teelöffel gestoßener Koriander
Salz
Pfeffer
1 Eßlöffel Tomatenmark
1/2 Glas Weißwein
1 Bund glatte Petersilie

Die Fenchelknollen waschen, putzen und der Länge nach vierteln.

Tomaten kurz mit kochendem Wasser überbrühen, häuten und fein würfeln.

Das Olivenöl in einem Schmortopf sehr heiß werden lassen und den Fenchel darin von allen Seiten braun anbraten.

Zitronensaft über den Fenchel gießen, mit Majoran, Koriander, Salz und Pfeffer würzen. Tomaten und Tomatenmark dazugeben und einige Minuten mitschmoren. Dann das Gemüse zugedeckt bei schwacher Hitze ca. 20 Minuten garen, bis der Fenchel weich ist. Nach der Hälfte der Garzeit den Wein angießen und das Gemüse umrühren.

Petersilie waschen, mit Küchenpapier trockentupfen und fein hacken. Vor dem Servieren über den Fenchel streuen.

Piperade à la basquaise

1 rote Paprikaschote
1 grüne Paprikaschote
200 g große Strauchtomaten oder vollreife Eiertomaten
1–2 Knoblauchzehen
100 ml Olivenöl
Salz
frisch gemahlener schwarzer Pfeffer
1 Zweig Rosmarin

Die Paprikaschoten putzen, entkernen, waschen und in Würfel schneiden. Die Tomaten kurz in kochendem Wasser blanchieren, häuten, halbieren und die Kerne entfernen. Das Tomatenfleisch würfeln. Die Zwiebel und die Knoblauchzehe abziehen und grob hacken.

Das Olivenöl in einer Kasserolle erhitzen und Zwiebel und Knoblauch darin anschwitzen. Dann die Paprikaschoten und die Tomaten zugeben, mit Salz und Pfeffer würzen und den Rosmarin einlegen. Das Gemüse im offenen Topf bei guter Mittelhitze etwa 10 Minuten kräftig durchkochen.

Piperade à la basquaise schmeckt warm und kalt zu gebratenem Fleisch oder Fisch. Man kann sie in Eierkuchen füllen und mit Käse überbacken.

Schwarzwurzeln in Sahnesauce

800 g Schwarzwurzeln
3 Eßlöffel Mehl
5 Eßlöffel Zitronensaft
Salz
1 Eßlöffel Butter
1/4 l Milch
125 g Schlagsahne
1 Messerspitze geriebene Muskatnuß
1 Prise Zucker

Die Schwarzwurzeln unter fließendem, kalten Wasser gründlich abbürsten, schälen und in ca. 5 cm lange Stücke schneiden. Dabei am besten Haushaltshandschuhe tragen, damit der Saft der Schwarzwurzeln die Hände nicht verfärbt.

1 Eßlöffel Mehl und 2 Eßlöffel Zitronensaft in eine Schüssel mit 1/2 l Wasser geben. Schwarzwurzeln gleich hineinlegen, dann bleiben sie weiß.

In einem Topf Salzwasser zum Kochen bringen, die Schwarzwurzeln und 2 Eßlöffel Zitronensaft hineingeben. Etwa 30 Minuten auf kleiner Flamme garen. Mit dem Schaumlöffel herausheben und gut abtropfen lassen. Die Gemüsebrühe nicht wegschütten.

Butter in einer Kasserolle schmelzen, Mehl einrühren und goldbraun anschwitzen. Mit 1/8 l der heißen Brühe unter Rühren aufgießen. Milch und Sahne zufügen und einige Minuten weiterkochen, dabei immer wieder umrühren. Die Sauce mit Muskat, dem restlichen Zitronensaft und Zucker abschmecken. Schwarzwurzeln in die Sauce geben.

Kohlrabi-Lauchgemüse

2 Kohlrabis
2 Stangen Lauch
Salz
2 Eßlöffel Butter
200 g Crème fraîche
1 Prise Zucker
weißer Pfeffer
1 Bund glatte Petersilie

Kohlrabis putzen und schälen, die zarten Herzblättchen aufheben. Kohlrabis halbieren und in sehr dünne Scheiben schneiden.

Lauch putzen und gründlich waschen, in ca. 1 cm dicke Ringe schneiden.

Das Gemüse in kochendem Salzwasser 3 Minuten blanchieren, abgießen und gut abtropfen lassen.

In einem mittelgroßen Topf die Butter zerlassen und die Crème fraîche unterrühren. Mit Salz und Zucker würzen. Gemüse zugeben und bei schwacher Hitze im geschlossenen Topf 10 Minuten dünsten. Anschließend mit weißem Pfeffer abschmecken.

Petersilie waschen und zusammen mit den Kohlrabiblättchen sehr fein hacken.

Kurz vor dem Servieren unter das Gemüse mischen.

Gefüllte Zucchiniblüten

12	junge Zucchini mit ihren Blüten
150 g	Sahneschichtkäse
2	Eßlöffel frisch geriebener Parmesankäse
1	Ei und 1 Eigelb
	Salz
	frisch gemahlener schwarzer Pfeffer
1	Bund glatte Petersilie
1 kg	sehr reife Eier- oder Fleischtomaten
2	Eßlöffel Olivenöl
	etwas Zucker

Die Zucchini sehr vorsichtig waschen – mehr die Früchte als die Blüten – und den Stielansatz abschneiden. Den Stempel mit der Schere aus den Blüten schneiden. Auf einem Küchentuch ausbreiten.

Den Sahneschichtkäse gut abtropfen lassen, mit Parmesan, Ei, Eigelb und den Gewürzen verrühren. Die Petersilie waschen, trockenschleudern, die Blättchen sehr fein hacken und unter die Käsemasse rühren.

Die Tomaten brühen, häuten, aufschneiden, entkernen und fein hacken. Das Olivenöl in einer weiten Pfanne mit hohem Rand erhitzen, und das Tomatenfleisch darin bei mittlerer Hitze dick einkochen, salzen, pfeffern und mit 1 Prise Zucker abschmecken.

Die Käsemasse in einen Spritzbeutel mit Lochtülle füllen und in die Zucchiniblüten drücken. Jede Blüte nur gut zur Hälfte füllen, die Blattspitzen darüber zusammendrehen.

Wenn das Tomatenmus gegart ist, die Zucchini mit ihren gefüllten Blüten darauflegen, den Deckel schließen und das Gemüse gut 5 Minuten dünsten. Die Zucchini sollen bißfest sein und die Käsefüllung aufgelaufen.

Je 3 Zucchini auf vorgewärmten Tellern portionsweise anrichten. Die gefüllten Blüten mit Tomatenmus bestreichen und das Mus in Blütenform über die Spitzen hinausziehen.

Erbsen à la française

100 g	Schalotten
60 g	Butter
100 ml	Brühe
320 g	TK-Erbsen
1	Scheibe gekochter Schinken, 60 g
	Salz
1	Prise Zucker
	frisch gemahlener Pfeffer
1/4	Kopfsalat

Die Schalotten abziehen und sehr fein hacken. Die Butter in einer Kasserolle zerlassen und die Schalotten darin anschwitzen. Mit der Brühe ablöschen und 2 bis 3 Minuten dünsten.

Die Erbsen zugeben und weiterhin bei Mittelhitze dünsten. Den Schinken in schmale Streifen schneiden und mit den Gewürzen unter die Erbsen mischen.

Die Salatblätter waschen, trockenschütteln und in Streifen schneiden.

Wenn das Gemüse fertig ist, die Salatstreifen unterheben und sofort servieren.

Teltower Rübchen

750 g	Teltower Rübchen
2	Eßlöffel Butter
1	Eßlöffel Zucker
1	Eßlöffel Zitronensaft
1/8 l	Brühe
1	Prise Salz
	frisch gemahlener weißer Pfeffer
1	Teelöffel Speisestärke
100 g	Schlagsahne
1	Bund glatte Petersilie

Die Rübchen waschen und schälen, erst in Scheiben, dann in Stifte schneiden.

Butter in einem Topf schmelzen, den Zucker einrühren und karamelisieren lassen.

Rübchen dazugeben und einige Minuten anbraten. Zitronensaft einrühren.

Die Brühe zugießen, mit Salz und Pfeffer würzen. Bei kleiner Hitze im geschlossenen Topf etwa 30 Minuten dünsten.

Speisestärke mit Sahne in einem Becher verquirlen und unter das Gemüse rühren. Noch einmal aufkochen, bis der Gemüsefond sämig ist.

Petersilie waschen, trockentupfen und fein hacken. Vor dem Servieren über das Gemüse geben.

Das Gemüse paßt zum Beispiel zu gebratenem Schweinefilet. Weitere Beilage: in Butter geschwenkte grüne Bandnudeln.

Gemüsenudeln in Kräuterbutter

1	dicke Möhre (etwa 250 g)
1	Knollensellerie (etwa 200 g)
1	Lauchstange
125 g	breite Bandnudeln
	Salz
1/2	Bund glatte Petersilie
	etwas frisches Basilikum
	etwas frischer Kerbel
1–2	Knoblauchzehen
75 g	Butter
	frisch gemahlener schwarzer Pfeffer
1	Messerspitze Chilipulver

Die Möhre putzen, schälen und waschen. Mit einem Sparschäler möglichst lange, breite Streifen abhobeln.

Den Sellerie schälen und waschen. In dicke Scheiben schneiden und halbieren und wie von der Möhre möglichst lange Streifen mit dem Sparschäler abziehen.

Den Lauch putzen, längs halbieren und waschen. In breite, lange Streifen schneiden.

Die Bandnudeln in reichlich kochendes Salzwasser geben und darin nach Packungsbeschreibung al dente garen. Die letzten 5 Minuten die Gemüsestreifen mit in das Kochwasser geben.

Die Kräuter waschen und hacken, den Knoblauch abziehen und durchpressen. Die Butter in einer Stielkasserolle aufschäumen, Kräuter und Knoblauch hineingeben und andünsten, mit Salz, Pfeffer und Chilipulver würzen.

Die Nudeln und das Gemüse gut abtropfen lassen, in der Butter wenden und sofort servieren.

Nach Geschmack können Sie zusätzlich gehobelten Parmesan aufstreuen oder die Kräuterbutter mit etwas Sahne anreichern.

Möhren in Marsala

500 g	Möhren
60 g	Butter
200 ml	Marsala
	Salz
	Pfeffer

Die Möhren schälen, waschen und mit Küchenpapier trockentupfen. In feine Streifen schneiden.

Die Butter in einer Pfanne zerlasssen, Möhren hineingeben, einige Minuten anbraten. Mit dem Marsala ablöschen, salzen und bei schwacher Hitze in der geschlossenen Pfanne dünsten, bis das Gemüse weich ist. Kurz vor dem Servieren mit etwas frisch gemahlenem Pfeffer würzen.

Gedünsteter Lauch in Sahne

1 kg	Lauch
2	Eßlöffel Butter
1/8 l	Brühe
	Salz
	Zucker
	weißer Pfeffer
1	Messerspitze geriebene Muskatnuß
4	Eßlöffel Milch
1	Eßlöffel Speisestärke
2	Eßlöffel Crème fraîche

Die Wurzeln vom Lauch abschneiden, die harten äußeren Blätter und die dunkelgrünen Blattenden entfernen. Lauchstangen der Länge nach halbieren und unter fließendem, kalten Wasser gründlich abspülen, bis kein Sand mehr zwischen den Blättern ist. In etwa 4 cm lange Stücke schneiden.

Butter in einem Topf erhitzen, Lauch darin kurz anbraten und mit der Brühe aufgießen. Mit Salz, Zucker, Pfeffer und Muskatnuß würzen und im geschlossenen Topf 15 Minuten gar dünsten.

Den Lauch mit einem Schaumlöffel aus der Brühe nehmen, in eine Schüssel geben und warm stellen.

Milch und Speisestärke in einem Becher verquirlen, unter die Garflüssigkeit rühren und aufkochen, noch einmal kurz erhitzen und über den Lauch gießen.

Schwarzwurzeln in Mandelbutter

1 kg	Schwarzwurzeln
1	Eßlöffel Mehl
1	Eßlöffel Weinessig
	Salz
1/8 l	Milch
2	Eßlöffel Butter
50 g	Mandelblätter

Die Schwarzwurzeln gründlich waschen. Dabei am besten Gummihandschuhe anziehen, denn der Saft hinterläßt auf der Haut braune Flecken. Mehl und Essig mit 1 l kaltem Wasser verrühren. Die Schwarzwurzeln schälen und sofort in das Essigwasser legen, damit sie nicht dunkel anlaufen.

2 l Wasser mit 1 Prise Salz und der Milch aufkochen. Die Wurzeln in fingerlange Stücke schneiden, in das kochende Wasser geben und 15 bis 20 Minuten bei halbgeschlossenem Deckel garen. Die Schwarzwurzeln sollten noch etwas Biß haben, sonst schmecken sie leicht mehlig.

Butter in einer Pfanne schmelzen und die Mandelblätter darin goldbraun rösten.

Schwarzwurzeln in ein Sieb abgießen, kurz unter heißem Wasser schwenken und gut abtropfen lassen. Auf einer vorgewärmten Platte anrichten und die heiße Mandelbutter darübergeben.

Fenchelrisotto

3	Fenchelknollen
1	kleine Zwiebel
60 g	Butter
300 g	Reis
1 l	Fleischbrühe
60 g	Parmesankäse
	Salz
	Pfeffer

Den Fenchel putzen, waschen, halbieren und in feine Scheiben schneiden.

Zwiebel abziehen und sehr fein hacken.

In einer Kasserolle 40 g Butter schmelzen, Zwiebel darin andünsten. Fenchel zufügen und von allen Seiten anbraten.

Reis im Sieb unter fließendem Wasser waschen, abtropfen lassen und ebenfalls zum Fenchel geben. Mit einem Teil der Fleischbrühe aufgießen. Bei schwacher Hitze köcheln lassen. Dabei von Zeit zu Zeit umrühren und immer wieder etwas Fleischbrühe nachgießen, bis der Reis schön körnig und gar ist.

Parmesan reiben und zusammen mit der restlichen Butter unter den Risotto rühren. Mit Salz und frisch gemahlenem Pfeffer abschmecken.

Vegetarischer Risotto

1	Zwiebel
250 g	Möhren
1	Eßlöffel Butter
2	Eßlöffel Öl
250 g	TK-Zuckererbsen
250 g	TK-Bohnen
200 g	Langkornreis
1/2 l	Gemüsebrühe
	Salz
1	Prise Zucker
	frisch gemahlener weißer Pfeffer
1	Messerspitze Kurkuma
1	Bund glatte Petersilie
50 g	geriebener Parmesan

Die Zwiebel abziehen und fein hacken. Die Möhren putzen, waschen und in kleine Würfel schneiden.

Die Butter und das Öl in einem Topf erhitzen. Zwiebel darin glasig andünsten.

Die Erbsen, Bohnen und Möhren zufügen und unter Rühren einige Minuten dünsten. Dann den Reis unterrühren. Mit der Brühe ablöschen und mit Salz, Zucker, Pfeffer und Kurkuma würzen. Zugedeckt bei schwacher Hitze ca. 20 Minuten garen.

Die Petersilie waschen, trockenschütteln und fein hacken. Petersilie und Parmesan unter den Risotto ziehen. Gut durchmischen und sofort servieren.

Gemüsereis

250 g	Parboiled Reis
	Salz
1	Eßlöffel gekörnte Gemüsebrühe
1	Lorbeerblatt
1	Bund Frühlingszwiebeln
3	Stengeln Staudensellerie
2	kleine Zucchini
2	Tomaten
2	Eßlöffel Butter
1/8 l	Weißwein
	frisch gemahlener Pfeffer
2	Eßlöffel Kerbelblätter
	Zitronensaft zum Abschmecken

Den Reis in einem Sieb unter fließendem Wasser abspülen.

2 l Wasser mit 1/2 Teelöffel Salz, der gekörnten Brühe und dem Lorbeerblatt zum Kochen bringen. Reis zufügen und im geschlossenen Topf bei kleiner Hitze 20 Minuten köcheln.

Die Frühlingszwiebeln, den Staudensellerie, die Zucchini und die Tomaten waschen und putzen. Das Gemüse kleinschneiden.

In einer Kasserolle die Butter zerlassen. Frühlingszwiebeln glasig dünsten. Das restliche Gemüse untermischen und kurz mitdünsten. Den Weißwein und etwas Wasser angießen, mit Salz und Pfeffer würzen. Zugedeckt 15 Minuten dünsten.

Den Reis abgießen und abtropfen lassen, das Lorbeerblatt entfernen. Reis zum Gemüse geben und kurz erhitzen. Den Kerbel untermischen. Gemüsereis mit Zitronensaft, Salz und Pfeffer abschmecken.

Als Beilage paßt Tomatensalat mit Joghurtdressing.

Wurzelgemüse in Petersilienbutter

2 Portionen

200 g	Möhren
200 g	dicke Petersilienwurzeln
30 g	Butter
1	Teelöffel flüssiger Honig
100 ml	Kalbsfond
	Salz
	frisch gemahlener schwarzer Pfeffer
1	Bund glatte Petersilie

Möhren und Petersilienwurzeln putzen, schälen, waschen und in Scheiben schneiden.

Die Butter in einem Topf aufschäumen, Honig und dann das Wurzelgemüse einrühren und anschwitzen. Mit dem Kalbsfond ablöschen, zugedeckt 8 bis 10 Minuten dünsten. Mit Salz und Pfeffer abschmecken, Petersilie hacken und untermischen.

Die Flüssigkeit offen noch etwas einkochen lassen.

Fritierte Gemüseplatte

Teig:

125 g	Mehl
2	Eigelb
1/8 l	Bier
	Salz
	weißer Pfeffer aus der Mühle
2	Eiweiß

200 g	Zucchini
250 g	Broccoli
100 g	Karotten
12	frische Champignons
20 g	Butterschmalz
	Salz
1	Zwiebel (60 g)
je 4	Stengel krause Petersilie und Zitronenmelisse
	weißer Pfeffer aus der Mühle

500 g	Butterschmalz zum Fritieren

Für den Teig das Mehl, Eigelb und Bier mit dem elektrischen Handrührgerät verquirlen, mit Salz und Pfeffer würzen und zum Schluß das steifgeschlagene Eiweiß mit dem Schneebesen unterheben. Den Teig 15 Minuten ruhen lassen.

Inzwischen die Zucchini, den Broccoli, die Karotten und die Champignons putzen und waschen. Die Zucchini in 3 cm dicke Scheiben schneiden. Den Broccoli in kleine Röschen zerteilen, den Stiel in dünne Scheiben schneiden. Die Karotten in kurze Streifen schneiden. Die drei Gemüsesorten etwa 2–3 Minuten in Salzwasser garen. Kalt abbrausen, abtropfen und abkühlen lassen.

Die geputzten Champignons in erhitztem Butterschmalz kurz in der Pfanne andünsten und abkühlen lassen, danach salzen. Die Zwiebel schälen und in nicht zu dünne Ringe schneiden. Die Petersilie und die Zitronenmelisse kurz überbrausen und mit Küchenkrepp trockentupfen.

Das Butterschmalz in einem Topf erhitzen. Die vorbereiteten Zutaten in den Bierteig tauchen, etwas abtropfen lassen und im heißen Butterschmalz ca. 2 Minuten fritieren. Mit dem Schaumlöffel herausnehmen, auf Küchenkrepp abtropfen lassen.

Dazu paßt: Fonduesaucen, Chutneys, Quark-Dips

Champignon-Gulasch

3	Eßlöffel Speiseöl
2	Zwiebeln
500 g	Champignons
2	Fleischtomaten
1	Teelöffel Rosenpaprika
	Salz
1	Tasse Wasser

Champignons säubern und halbieren. Zwiebel schälen und würfeln.

Tomaten kreuzförmig einritzen, mit kochendem Wasser übergießen, herausnehmen, kurz abschrecken und die Haut abziehen. Die Tomaten vierteln, das Kerngehäuse entfernen und in Würfel schneiden.

Öl in einer Pfanne erhitzen, Zwiebelwürfel darin glasig dünsten, Champignons zugeben, unterheben und mit Rosenpaprika und Salz würzen. Wasser angießen, umrühren und ca. 10 Minuten die Champignons mit den Tomatenwürfeln weichdünsten.Als selbständiges Gericht mit Stangenweißbrot servieren.

Panierte Fenchelscheiben

500 g	Fenchel
	Salz
1	Ei
	weißer Pfeffer
1	Messerspitze geriebene Muskatnuß
5	Eßlöffel Semmelbrösel
4	Eßlöffel Öl zum Braten

Die Fenchelknollen putzen. Welke Blattschichten, Blätter und Stielansätze wegschneiden. Waschen und vom Stiel zur Wurzel hin in 1 cm dicke Scheiben schneiden. In Salzwasser 10–12 Minuten kochen.

Die Fenchelscheiben mit der Schaumkelle herausheben, gut abtropfen und auskühlen lassen.

Das Ei mit 1 Prise Salz, Pfeffer und Muskatnuß verquirlen. In einen Suppenteller gießen. Semmelbrösel in einen zweiten Teller geben. Die Fenchelscheiben zuerst im Ei, dann in den Semmelbröseln wenden und die Panade andrücken.

Das Öl in einer großen Pfanne erhitzen und den panierten Fenchel darin auf beiden Seiten goldbraun anbraten. Herausheben und kurz auf Küchenpapier legen, damit das überschüssige Fett aufgesogen wird. Dann sofort servieren.

Ausgebackener Lauch

1 kg	Lauch
	Salz
2	Bund glatte Petersilie
2	Eier
4	Eßlöffel Mehl
100 g	Semmelbrösel
4	Eßlöffel Öl
	Thymian
2	Lorbeerblätter
	frisch gemahlener Pfeffer
	Weinessig

Die Lauchstangen putzen, waschen und in fingerlange Stücke schneiden.

8 Minuten in Salzwasser kochen, herausheben und auf einem Sieb gut abtropfen lassen.

Die Petersilie waschen und fein hacken.

Die Eier mit 1 Prise Salz verquirlen. Die Lauchstücke in Mehl, Ei und abschließend in Semmelbröseln wenden.

Öl in einer Pfanne sehr heiß werden lassen, die panierten Lauchstücke zusammen mit der Petersilie, 2 Prisen Thymian und den Lorbeerblättern darin ausbacken, bis sie knusprig braun sind.

Auf einer vorgewärmten Platte anrichten, etwas frisch gemahlenen Pfeffer und einige Spritzer Weinessig darübergeben.

Gebratener Fenchel in Petersilienbutter

2	große Fenchelknollen
200 ml	Weißwein
1/8 l	Brühe
	Salz
	frisch gemahlener weißer Pfeffer
1	Messerspitze geriebene Muskatnuß
4	Eßlöffel Olivenöl
1/2	Bund glatte Petersilie
60 g	Butter
2	Eßlöffel Semmelbrösel

Die Fenchelknollen waschen und putzen. Dabei die welken Blattschichten, das Grün und das Wurzelende abschneiden. Knollen in gleichmäßige, etwa 1 cm dicke Scheiben schneiden.

Weißwein und Brühe aufkochen, mit Salz, Pfeffer und Muskatnuß würzen. Die Fenchelscheiben in der kochenden Brühe in 10 Minuten gar kochen. Mit einer Schaumkelle herausheben und gut abtropfen lassen.

In einer großen Pfanne das Öl erhitzen. Die Fenchelscheiben darin von beiden Seiten goldbraun anbraten. Auf Küchenpapier kurz abtropfen lassen und warm stellen.

Die Petersilie waschen, trockentupfen und fein hacken.

Die Butter in einer Pfanne zerlassen, Semmelbrösel und Petersilie darin kurz anbraten. Über die Fenchelscheiben geben und sofort servieren.

Buntes Kartoffelgemüse

2 Portionen

2	große Kartoffeln
	Salz
1/2	Bund Frühlingszwiebeln
1/2	rote Paprikaschote
2	Eßlöffel Butter
1	Knoblauchzehe
100 g	gekochter Schinken
1/8 l	Brühe
1	Messerspitze Paprika, edelsüß
	Pfeffer
1/2	Bund Schnittlauch

Kartoffeln waschen, in der Schale in Salzwasser kochen, bis sie fast weich sind. Abgießen, schälen und in große Würfel schneiden.

Frühlingszwiebeln putzen und in Ringe schneiden. Paprika waschen, Stiel und Kerne entfernen, würfeln und mit den Zwiebeln in einer großen Pfanne mit Butter andünsten.

Knoblauchzehe abziehen, fein hacken und zum Gemüse geben.

Schinken in feine Streifen schneiden. Zusammen mit den Kartoffeln dem Gemüse zufügen. Vorsichtig untermischen, die Brühe angießen und mit dem Paprikapulver, Salz und frisch gemahlenem Pfeffer würzen. Alles bei geschlossenem Deckel 15 Minuten auf kleiner Flamme ziehen lassen.

Schnittlauch in feine Röllchen schneiden und kurz vor dem Anrichten darüberstreuen.

Kartoffelpuffer mit Rahmpilzen

500 g Pfifferlinge
1 kg festkochende Kartoffeln
2 Eier
Salz
2 Zwiebeln
1 Eßlöffel Mehl
5 Eßlöffel Öl zum Backen
2 Eßlöffel Butter
200 g Schlagsahne
2 Eßlöffel Crème fraîche
Saft von 1 Zitrone
weißer Pfeffer
1 Bund glatte Petersilie

Die Pfifferlinge putzen, kurz unter fließendem Wasser waschen, mit Küchenpapier trockentupfen. Die größeren Pilze in Streifen schneiden.

Die Kartoffeln schälen, waschen und grob reiben oder mit der Küchenmaschine nicht zu fein zerkleinern. In ein Küchentuch wickeln und den Saft gründlich auspressen. Sofort in eine Schüssel geben und mit den Eiern und Salz verrühren.

In einer schweren Pfanne so viel Fett erhitzen, daß der Boden bedeckt ist. Löffelweise den Kartoffelteig hineingeben, zu keinen Puffern flach drücken und von beiden Seiten goldbraun braten.

Den Backofen auf 100° C vorheizen. Backblech mit Küchenpapier belegen und die fertigen Puffer darauf geben, im Ofen warm stellen.

In einer Kasserolle die Butter schmelzen, Pilze darin anbraten. Mit Sahne ablöschen und 5 Minuten köcheln lassen. Senf, Crème fraîche und Saft von 1 Zitrone einrühren, mit Salz und Pfeffer würzen.

Petersilie waschen, trockentupfen und fein hacken. Kurz vor dem Servieren unter das Pilzgemüse geben.

Cremige Weizen-Paprikapfanne

Weizen über Nacht in 600 ml Wasser einweichen.

6 Portionen

200 g	Weizen
1	Bund Frühlingszwiebeln
je 1	kleine grüne, rote und gelbe Paprikaschote
3	Eßlöffel Olivenöl
2	Teelöffel frische Thymianblättchen
	Salz
	frisch gemahlener schwarzer Pfeffer
	Worcestershiresauce
1/8 l	Gemüsefond oder milde Gemüsebrühe
200 g	Doppelrahm-Frischkäse

Den Weizen über Nacht in 600 ml Wasser einweichen. Am nächsten Tag im Einweichwasser aufkochen, etwa 40 Minuten bei milder Hitze kochen, dann noch 20 Minuten ohne Hitze ausquellen lassen.

Die Frühlingszwiebeln putzen und waschen. Die weißen Knollen vierteln, das Grün in 1/2 cm dicke Ringe schneiden.

Die Paprikaschoten putzen, halbieren, Kernchen entfernen und die hellen Trennhäute herausschneiden. Die Hälften waschen und in Rauten schneiden.

Das Öl in einer großen Pfanne erhitzen, die weißen Zwiebelteile und die Paprikaschoten darin unter Rühren 5 Minuten bei mittlerer Hitze anbraten.

Weizen abtropfen lassen, mit Thymian und den grünen Zwiebelteilen zugeben. Mit Salz, Pfeffer und Worcestershiresauce abschmecken. Gemüsefond und Frischkäse gründlich einrühren, würzig abschmecken.

LECKERES GEMÜSE AUS DEM BACKOFEN

Eier in Tomatennäpfchen

8	Eier
4	große Fleischtomaten
	Salz
	getrockneter Oregano oder Majoran
150 g	Allgäuer Emmentaler
10 g	Butter
8–10	große Basilikumblätter
500 g	Mozzarella

Die Fleischtomaten waschen und abtrocknen. Oben einen kleinen Deckel abschneiden und die Tomaten mit einem Teelöffel aushöhlen. Mit Salz und Oregano oder Majoran ausstreuen.

Den Mozzarella abtropfen lassen und in 8 Scheiben schneiden. Je 1 in eine Tomate geben und darüber jeweils 2 aufgeschlagene Eier. Die Eier mit Salz bestreuen und mit einer Käsescheibe belegen.

Eine feuerfeste Form mit der geschmolzenen Butter einstreichen und die Tomaten nebeneinander hineinstellen. In den auf 220° C vorgeheizten Backofen stellen und die Eier in 30 bis 35 Minuten stocken lassen.

In der Zwischenzeit das Basilikum abspülen, trockentupfen und nicht zu fein hacken oder Streifen schneiden. Die Tomaten auf vorgewärmten Portionstellern anrichten, mit dem Basilikum bestreut servieren.

Beilage: Frisches Stangenweißbrot und einen leichten, aber trockenen Wein.

Pariser Zwiebeln

2 Portionen

250 g Lauch
20 g Butter
100 g Schlagsahne
1 großes Ei
Salz
frisch gemahlener Pfeffer
50 g geriebener Emmentaler
1 große Gemüsezwiebel (ca. 350 g)
Butter für die Auflaufform
1 Eßlöffel trockener Wermut
1 Messerspitze geriebene Muskatnuss
Butter für die Auflaufform

Den Lauch putzen und in feine Ringe schneiden. In einem Topf in Butter andünsten. Sahne zugießen und 10 Minuten sanft kochen lassen.

Das Ei trennen und das Eigelb unter das Lauchgemüse rühren. Mit Salz und Pfeffer würzen und den Käse untermischen.

Die Zwiebel abziehen, 10 Minuten in Salzwasser köcheln lassen und halbieren. Mit einem Löffel vorsichtig aushöhlen. Die Zwiebelhälften mit dem Lauchgemüse füllen, in eine gebutterte feuerfeste Form setzen und mit Wermut beträufeln.

Im vorgeheizten Backofen bei 200° C auf der mittleren Schiene 25 Minuten backen.

Das Eiweiß sehr steif schlagen, mit Salz und Muskatnuß würzen und mit einem Löffel vorsichtig auf die gefüllten Zwiebelhälften setzen. Weitere 5–7 Minuten überbacken, bis der Eischnee goldbraun wird.

Gefüllte Sellerieknollen mit Tomatenrisotto

½	Bund Frühlingszwiebeln
100 g	Frühstücksspeck am Stück
1 l	Brühe
4	Eßlöffel Butter
300 g	Reis
200 g	gehackte Tomaten
2	Eßlöffel Tomatenmark
	Salz
	frisch gemahlener Pfeffer
4	junge Sellerieknollen à 250 g
1	Ei
	Butter für die Form
50 g	geriebener Emmentaler

Das Weiße der Frühlingszwiebeln fein hacken. Frühstücksspeck in feine Würfel schneiden.

Die Brühe erhitzen.

2 Eßlöffel Butter in einer Kasserolle zerlassen. Zwiebeln, Frühstücksspeck und den Reis darin glasig werden lassen. Schöpfkellenweise nach und nach die heiße Brühe angießen, so daß der Reis immer feucht bleibt, und ihn bei mittlerer Hitze garen.

Zum Schluß die gehackten Tomaten und das Tomatenmark unterrühren. Mit Salz und Pfeffer abschmecken und bei kleiner Hitze einige Minuten durchziehen lassen. Beiseite stellen.

Sellerieknollen putzen, unter fließendem Wasser gründlich abbürsten und schälen.

Die Knollen in Salzwasser ca. 20 Minuten köcheln. Anschließend herausheben, abtropfen und abkühlen lassen.

Deckel abschneiden und die Knollen vorsichtig mit einem Löffel aushöhlen.

Das Innere von einem Sellerie fein hacken. Mit einem Viertel des Risottos und dem Ei gut vermischen, mit Salz und Pfeffer würzen. Die Füllung in die Sellerieknollen verteilen.

Eine Auflaufform mit Butter ausstreichen, die gefüllten Sellerieknollen hineinsetzen. Den geriebenen Käse darüberstreuen. Restliche Butter als Flöckchen darauf setzen.

Im vorgeheizten Backofen bei 200° C auf der mittleren Schiene ca. 30 Minuten überbacken.

Den restlichen Tomatenrisotto noch einmal erwärmen und als Beilage servieren.

Kartoffeln mit gefüllten Pilzköpfen

	Fett für die Form
500 g	Waldpilze
1	Bund Petersilie
1	Knoblauchzehe
500 g	Kartoffeln
	Salz
	Pfeffer
2	feste Tomaten
3	Eßlöffel Öl

Eine feuerfeste Form fetten.

Die Pilze waschen und putzen.

Petersilie waschen und von den Stielen zupfen.

Den Knoblauch abziehen und zusammen mit den Pilzstielen und der Petersilie hacken. Einen Petersilienstengel zum Garnieren aufheben.

Die Kartoffeln waschen, schälen, in Scheiben schneiden und die Form damit auslegen. Salzen und pfeffern.

Die Pilzköpfe mit der Lamellenseite nach oben darauf setzen und mit der Pilz-Knoblauch-Petersilien-Mischung füllen.

Mit je einer Tomatenscheibe bedecken, salzen, pfeffern und mit Öl beträufeln.

Im vorgeheizten Backofen bei 180° C ca. 35 Minuten backen.

Mit Petersilienblättchen garnieren und sofort heiß auftragen.

Gefüllte Kartoffeln

2 Portionen

4	Kartoffeln, vorwiegend festkochend
	Salz
1	Knoblauchzehe
1/2	Eßlöffel Butter
100 g	TK-Blattspinat
	Salz
	frisch gemahlener Pfeffer
1	Prise Muskatnuß
1	Eigelb
	Butter zum Bestreichen
1	Eßlöffel geriebener Emmentaler
1	Eßlöffel geriebener Parmesankäse

Die Kartoffeln schälen und in Salzwasser in 15 bis 20 Minuten knapp gar kochen.

Inzwischen die Knoblauchzehe abziehen und fein hacken. Die Butter in einem Töpfchen zerlassen, Knoblauch und Blattspinat darin dünsten. Mit Salz, Pfeffer und Muskatnuß würzen.

Die Kartoffeln abgießen, spülen und trockentupfen. Von jeder einen Deckel abschneiden und die Kartoffeln aushöhlen, einen Rand von ca. 1 cm stehenlassen.

Das Kartoffelfleisch mit einer Gabel zerdrücken und unter den Spinat mischen. Das Eigelb zugeben und die Füllung abschmecken.

Die Kartoffeln außen mit weicher Butter einstreichen. Die Spinatmischung in einen Spritzbeutel mit weiter Sterntülle füllen und in die Kartoffeln spritzen. Die Hütchen aufsetzen und mit beiden Käsesorten bestreuen.

Die gefüllten Kartoffeln im vorgeheizten Backofen bei 220° C auf der zweiten Schiene von unten gut 10 Minuten backen, beziehungsweise bis der Käse zu bräunen beginnt.

Gemüse-Lasagne mit Sonnenblumenkernen

40 g	Butter
30 g	Vollkorn-Weizenmehl
1/2 l	Milch
200 g	Gorgonzola-Käse
	Salz
	weißer Pfeffer
250 g	Tomaten
250 g	Stangensellerie
2	mittelgroße Zwiebeln
2	Eßlöffel Öl
500 g	Spinat
200 g	Champignons
1	Packung (250 g) Vollkorn-Lasagne-Platten
50 g	Sonnenblumenkerne

Butter zergehen lassen, Mehl darin anschwitzen, Milch einrühren und den Käse darin schmelzen. Anschließend die Sauce würzen.

Tomaten und Sellerie putzen, waschen und in Scheiben schneiden. Zwiebeln schälen, hacken und mit Sellerie in 1 Eßlöffel heißen Öl dünsten.

Spinat verlesen und waschen. Pilze putzen, hacken und in restlichem Öl anbraten. Den Spinat zufügen, zusammenfallen lassen und anschließend würzen.

Den Boden einer Auflaufform mit etwas Sauce bedecken. Lasagneplatten, Tomaten, Sellerie, Sauce und Pilz-Spinat-Gemüse abwechselnd einschichten. Mit Lasagne und Sauce abschließen.

Die Sonnenblumenkerne darüberstreuen und vorgeheizten Backofen bei 200° C 45–50 Minuten backen.

Dazu paßt: kühler Roséwein

Steinpilze aus dem Ofen

400 g	große Steinpilzkappen (2–4 Stück)
	Olivenöl oder Butter für die Formen und zum Beträufeln
1	Bund glatte Petersilie
2	Knoblauchzehen
	Salz
	frisch gemahlener schwarzer Pfeffer

Den Backofen auf 200° C vorheizen. Backpapier auf den Rost im Ofen legen. Die Steinpilze putzen, in den Ofen legen und mehrere Minuten wenden, bis sie heiß sind.

Die Kappen im ganzen oder in dicke Scheiben geschnitten in gefettete feuerfeste Förmchen legen.

Petersilie und den geschälten Knoblauch fein hacken und über die Pilze streuen. Salzen und pfeffern, mit Öl oder geklärter Butter beträufeln. Etwa 10 Minuten im heißen Backofen garen. Sofort servieren.

Kartoffelauflauf mit Pilzen

800 g festkochende Kartoffeln
Salz
400 g Pilze
4 Eier
1 große Zwiebel
1 Eßlöffel Öl
20 g Butter
frisch gemahlener schwarzer Pfeffer
250 g saure Sahne
1 Eigelb
1 Bund Petersilie

Kartoffeln waschen und in Salzwasser als Pellkartoffeln kochen, noch warm pellen, abkühlen lassen und in Scheiben schneiden.

Pilze waschen, putzen und in Scheiben aufschneiden.

Eier hart kochen und pellen, die Zwiebel abziehen und wie die Eier in feine Scheiben schneiden.

In einem kleinen Topf das Öl erhitzen und die Pilze darin 5 Minuten dünsten.

Anschließend eine feuerfeste Form mit Butter fetten, zuunterst eine Schicht Kartoffelscheiben legen, darauf eine Schicht Eischeiben, dann etwas von den Pilzen darübergeben, dazu ein paar Zwiebelringe, etwas salzen und pfeffern, dann wieder eine Schicht Kartoffeln und so fortfahren, bis alle Zutaten verbraucht sind. Zuoberst kommt eine Kartoffelschicht.

Die saure Sahne mit dem Eigelb, Pfeffer und 1 Prise Salz verrühren.

Petersilie waschen, kleinschneiden, zur Eiersahne geben und dann über die geschichteten Kartoffeln gießen.

Im vorgeheizten Ofen bei 225° C 30 Minuten schön braun backen.

In der Form servieren und frischen Salat oder Mixed Pickles dazu reichen.

Fenchel-Mozzarella-Auflauf

4	große Fenchelknollen
	Salz
1	Prise Zucker
250 g	Mozzarella
4	Sardellenfilets
100 g	schwarze Oliven
1	Dose geschälte Tomaten, 400 g
	Fett für die Form
1	Bund Basilikum

Fenchelstengel und Wurzelansatz abschneiden, Knollen putzen und der Länge nach in dicke Scheiben schneiden.

In wenig Salzwasser mit einer Prise Zucker ca. 10 Minuten köcheln lassen, bis sie fast weich sind. Herausheben und auf einem Sieb gut abtropfen lassen.

Mozzarella in Scheiben schneiden, Sardellen kleinhacken. Oliven entsteinen und halbieren.

Geschälte Tomaten abgießen und in Scheiben schneiden.

Eine flache Auflaufform fetten, die Fenchelscheiben hineinlegen, die Sardellen darübergeben. Mit Tomaten- und Mozzarellascheiben bedecken. – Pfeffern, salzen.

Basilikum waschen, die Blätter von den Stengeln zupfen und kleinhacken, über den Auflauf streuen. Zum Abschluß die Oliven darauf verteilen.

Im vorgeheizten Backofen auf der oberen Schiene bei 225° C überbacken, bis der Käse braun wird.

Dazu passen Stangenweißbrot und grüner Salat.

Brokkoli-Auflauf

1 kg	Brokkoli
40 g	Butter
400 ml	Hühnerbrühe
	Salz
	frisch gemahlener weißer Pfeffer
	frisch geriebene Muskatnuß
30 g	frische Weißbrotkrume oder Püreeflocken oder 1 kleine Pellkartoffel, durchgepreßt
1	Bund glatte Petersilie
1	Knoblauchzehe
4	Eier
100 g	Crème fraîche
	Butter für die Form

Den Brokkoli waschen und putzen. Etwa 200 g kleine Brokkoliröschen zum Garnieren beiseite legen. Den restlichen Brokkoli in Röschen zerteilen und die Stiele kleinschneiden.

Das Gemüse mit 30 g Butter, der Hühnerbrühe und den Gewürzen knapp garkochen. Dann aus der Brühe heben und pürieren.

Brotkrume, Flocken oder Kartoffel einrühren.

Die Petersilie waschen, trockenschütteln und die Blätter fein hacken. Den Knoblauch abziehen und fein hacken. Beides in 10 g Butter dünsten und mit dem Brokkolipüree mischen. Die Eier zugeben und gründlich verrühren. Dann die Crème fraîche unterziehen und die Masse mit Salz, Pfeffer und Muskatnuß abschmecken.

Eine Kastenform mit Butter ausstreichen und die Gemüsemischung einfüllen.

Im vorgeheizten Backofen bei 200° C ein heißes Wasserbad vorbereiten und die Form hineinstellen. Den Brokkoli-Auflauf 50 Minuten garen. Wenn die Oberfläche zu bräunen beginnt, einen Streifen gebuttertes Pergamentpapier auflegen.

Inzwischen die restlichen Brokkoliröschen in Salzwasser 6 bis 8 Minuten kochen. Sie sollen weich, aber noch bißfest sein.

Den Brokkoli-Auflauf zur Garprobe anstechen. Wenn er noch weich oder feucht ist, 10 Minuten länger garen. Dann aus dem Backofen nehmen und 5 Minuten setzen lassen. Den Auflauf auf eine vorgewärmte Platte stürzen und mit den Brokkoliröschen garnieren.

Der Brokkoli-Auflauf schmeckt als vegetarisches Gericht mit einer Käse- oder Tomatensauce.

Topinamburgratin

750 g	Topinambur
2	Eßlöffel Butter
2	Eßlöffel Mehl
1/4 l	Fleischbrühe
200 g	Schlagsahne
	Salz
	Pfeffer
1	Messerspitze geriebene Muskatnuß
100 g	geriebener Käse
	Butter für die Form

Die Topinamburs gründlich waschen und halbgar kochen. Die Knollen abgießen, kurz mit kaltem Wasser abschrecken, schälen und in nicht zu dünne Scheiben schneiden.

In einer Stielkasserolle die Butter schmelzen, das Mehl einrühren und kurz anschwitzen. Unter ständigem Rühren mit dem Schneebesen die Fleischbrühe und die Sahne angießen. Bei schwacher Hitze einige Minuten köcheln lassen. Mit Salz, Pfeffer und Muskat abschmecken. Zum Schluß den Käse unterrühren.

Eine feuerfeste Form ausbuttern und die Topinamburscheiben hineinschichten, salzen und pfeffern. Mit der Käsesauce überziehen und im vorgeheizten Backofen auf der mittleren Schiene bei 220° C ca. 20 Minuten gratinieren.

Gebackene Tomaten mit Gruyère

800 g	Fleischtomaten
1	Bund Basilikum
	Butter für die Form
150 g	Crème fraîche
150 g	geriebener Gruyère
	Salz
	frisch gemahlener schwarzer Pfeffer
3	Teelöffel Puderzucker
25 g	Butter

Die Tomaten waschen, den Stielansatz ausschneiden und die Tomaten in dicke Scheiben schneiden.

Das Basilikum waschen, trockenschütteln und die Blätter in Streifen schneiden.

Eine feuerfeste Form mit Butter ausstreichen. Einige Tomatenscheiben auf dem Boden der Form auslegen und etwas von Crème fraîche und Gruyère darüber verteilen. Nach Geschmack salzen und pfeffern und darüber Basilikum und Puderzucker streuen.

Die Schichten wiederholen, bis alle Zutaten verbraucht sind.

Die Oberfläche mit kleinen Butterflöckchen besetzen und die Tomaten im vorgeheizten Backofen bei 180° C überbacken, bis der Käse leicht bräunt.

PIKANTE GEMÜSEKUCHEN

Lauchkuchen mit Eiercreme

250 g	Mehl (Weizenmehl, Type 1050)
125 g	Butter
1	Ei
	Salz
1 kg	Lauch
	Mehl zum Ausrollen
	Butter zum Einfetten
3	Eier
1/8 l	Sahne
1/8 l	Milch
1/2	Teelöffel Thymian
2	Eßlöffel frische, gemischte, feingehackte Kräuter
	weißer Pfeffer
	Muskat

Aus Mehl, kalter Butter, Ei und einer Messerspitze Salz einen glatten Mürbeteig kneten. In Folie gewickelt etwa 30 Minuten ruhen lassen.

Inzwischen den Lauch putzen, gründlich waschen und in knapp 3 cm lange Stücke schneiden. Portionsweise in sprudelnd kochendes Salzwasser geben und 5 Minuten blanchieren. Abgießen, kalt abschrecken. Auf ein Küchentuch geben und ganz trockentupfen.

Den Mürbeteig auf einer leicht bemehlten Arbeitsfläche halbzentimeterdick ausrollen. Den Boden und einen gut 3 cm hohen Rand einer Springform (24 cm Durchmesser) damit auslegen. Den Boden mit einer Gabel ein paar mal einstechen. Die Form im auf 200° C vorgeheizten Ofen 10 Minuten vorbacken. Die Lauchstücke aufrecht und dicht aneinander auf den Boden in die Springform stellen.

Eier, Sahne, Milch, Thymian und die Kräuter gut miteinander verrühren. Mit Salz, Pfeffer und Muskat würzen. Die Mischung in die Form gießen.

Den Lauchkuchen in den Ofen schieben und 50–60 Minuten backen. Falls die Oberfläche währenddessen zu dunkel wird, mit Alufolie abdecken.

Wirsingtorte mit Schinkenstreifen

Teig:

250 g Mehl
100 g Butterschmalz
1 Ei
1 Eßlöffel Wasser
1 Prise Salz

Füllung:

1 Wirsing von ca. 600 g
1 mittelgroße Zwiebel
2 Eßlöffel Butterschmalz
Salz
schwarzer Pfeffer aus der Mühle
1 Teelöffel Thymian
1 Msp. Cayennepfeffer
frisch geriebene Muskatnuß
250 g gekochter Schinken
2 Eier
1 Eigelb
1 Becher (200 g) Crème fraîche
80 g geriebener Emmentaler
Butterschmalz für die Form

Das Mehl in eine Schüssel sieben und das Butterschmalz in Stückchen dazugeben. Das Ei mit dem Wasser und dem Salz hinzufügen. Alles zu einem geschmeidigen Teig verarbeiten. Zu einer Kugel formen und in Alufolie gepackt eine Stunde im Kühlschrank ruhen lassen.

Inzwischen den Wirsing putzen, vierteln und in schmale Streifen schneiden, waschen und sehr gut abtropfen lassen.

Die Zwiebel schälen, feinhacken und in heißem Butterschmalz in einem breiten Topf glasig dünsten. Den Wirsing hinzufügen und 12 Minuten garen. Das Gemüse mit Salz, Pfeffer, Thymian, Cayennepfeffer und Muskat würzen.

Den Schinken vom Fettrand befreien, in schmale Streifen schneiden und mit den Eiern, dem Eigelb, der Crème fraîche und der Hälfte des Käses zu dem Wirsing geben, gut durchmischen.

Den Teig messerrückendick ausrollen, in eine mit Butterschmalz gefettete Springform (Durchmesser 26 cm) legen und einen 4 cm hohen Rand hochdrücken. Den Boden mit einer Gabel mehrmals einstechen.

Die Wirsingmischung darauf verteilen, mit dem restlichen Käse bestreuen und im auf 200° C vorgeheizten Backofen auf der mittleren Schiene 50 Minuten backen, bei vorzeitiger Bräunung mit Alufolie abdecken. Warm servieren.

Brokkolitorte

Mürbeteig:

250 g Mehl
1 Prise Salz
125 g Butter
2 Eigelb
500 g getrocknete Hülsenfrüchte

Füllung:

400 g Brokkoli
Salz
100 g Frühstücksspeck
4 Eier
250 g Schlagsahne
Salz
frisch geriebene Muskatnuß
50 g geriebener Greyerzer Käse

Das Mehl mit dem Salz auf die Arbeitsfläche sieben, in die Mitte eine weite Mulde drücken, die Butter in Würfel und das Eigelb zugeben. 1/8 Liter Wasser bereitstellen. Die Zutaten miteinander verarbeiten und soviel Wasser nach und nach zugeben, wie der Teig aufnimmt. Den Teig rasch kneten, zu einer Kugel formen, in Klarsichtfolie wickeln und 30 Minuten im Kühlschrank ruhen lassen.

Danach den Teig in einer Tarteform blind backen: Den Teig nach dem Ruhen auf der bemehlten Arbeitsfläche ausrollen und zwar etwas größer als der Durchmesser der Tarteform. Die Teigplatte über die Rolle legen und über der ungefetteten, trockenen Form wieder abrollen. Den Teig gut in die Form drücken und den Boden mit einer Gabel mehrmals einstechen. Mit der Rolle einmal kräftig über den Rand der Form fahren, um den überstehenden Teigrand gleichmäßig abzudrücken.

Den Teigboden mit Backtrennpapier auslegen und 500 g getrocknete Erbsen oder Linsen einfüllen, damit sich der Boden beim Backen nicht hebt.

Den Teig im vorgeheizten Backofen bei 200° C auf der untersten Schiene 15 Minuten blind backen. Dann das Papier mit den Hülsenfrüchten abnehmen und den Boden weitere 5 Minuten backen. Danach kann er gefüllt werden.

Den Brokkoli waschen, putzen und die Stiele und die Röschen in gleichmäßige Stückchen teilen. In kochendem Salzwasser erst die Stiele 2 Minuten blanchieren, dann die Röschen zugeben und alles weitere 3 Minuten blanchieren. Herausheben und sehr gut abtropfen lassen.

Den Frühstücksspeck fein würfeln und in einer trockenen, heißen Pfanne rundherum anbraten.

Die Eier in einer Schüssel mit der Sahne verrühren und mit Salz, Pfeffer und Muskatnuß würzen.

Den gut abgetropften Brokkoli auf dem vorgebackenen Mürbteigboden gleichmäßig verteilen und mit der Eiersahne übergießen. Die Speckwürfel und den Käse darüber streuen und die Brokkolitorte im vorgeheizten Backofen auf der mittleren Schiene bei 200° C gut 20 Minuten backen.

Gemüsestrudel

Strudelteig:

150 g Mehl
½ Teelöffel Salz
1 Teelöffel Essig
Öl

Füllung:

je 100 g geputztes Gemüse: Kohlrabi, Möhren, Zucchini, Brokkoli
Salz
1 kleine Zwiebel
40 g Butter
100 g Schlagsahne
3 Eier
frisch gemahlener Pfeffer
frisch geriebene Muskatnuß
1 Eigelb
1 Eßlöffel Milch

Das Mehl in eine Schüssel sieben, 80 ml lauwarmes Wasser mit dem Salz verrühren, Essig und 2 Eßlöffel Öl zugeben und die Mischung zum Mehl gießen. Alle Zutaten vermischen und den Teig schlagen. Wenn er sich vom Schüsselrand löst, den Teig auf der bemehlten Arbeitsfläche kneten, bis er geschmeidig ist. Eine Kugel formen, mit Öl bestreichen und zugedeckt an einem warmen Ort 30 Minuten ruhen lassen.

Für die Füllung das geputzte Gemüse gleichmäßig würfeln und im kochenden Salzwasser blanchieren. Die Zwiebel abziehen und würfeln. Die Butter in einer Kasserolle zerlassen und die Zwiebel und ¼ der blanchierten Gemüse darin anschwitzen.

Mit der Sahne auffüllen und die Flüssigkeit einkochen lassen. Dann im Mixer pürieren und mit dem anderen Gemüse mischen. Die Eier einrühren und mit Salz, Pfeffer und Muskatnuß abschmecken.

Zum Ausziehen des Strudelteigs ein Tuch gleichmäßig mit Mehl bestäuben. Die Teigkugel in die Mitte legen und zu einem Rechteck ausrollen. Mit beiden Händen unter den Teig greifen und ihn von der Mitte nach außen über die Handrücken ziehen.

Die Gemüsefüllung auf dem Strudelteig verteilen und dabei einen Rand lassen. Den Strudel zusammenrollen und mit der Nahstelle nach unten auf ein geöltes Backblech setzen.

Das Eigelb mit der Milch verrühren und den Strudel damit bestreichen.

Den Gemüsestrudel im vorgeheizten Backofen auf der mittleren Schiene bei 200° C 30 Minuten backen.

Die beschriebene Strudelmenge reicht für 4 Portionen als Beilage.

Als vegetarisches Hauptgericht ergibt er 2 Portionen, zu dem man eine Tomaten- oder Kräutersauce reichen kann.

Lauchstrudel

Teig:

180 g	Mehl
1	Ei
1/2	Teelöffel Öl
1/2	Teelöffel Zitronensaft
	Salz

Füllung:

6	mittelgroße Lauchstangen
	Salz
150 g	Reibkäse, z. B. Emmentaler
2	Eier
	frisch gemahlener Pfeffer
	frisch geriebene Muskatnuß
200 g	gekochter Schinken, in Scheiben
20 g	Butter für das Blech
1	Eigelb
	Kümmel

Das Mehl mit Ei, Öl, Zitronensaft, einer Prise Salz und so viel lauwarmem Wasser verkneten, bis der Teig nicht mehr klebt. Den Teig zur Kugel formen und zugedeckt 30 Minuten ruhen lassen.

Den Lauch gut waschen, das Grüne für dieses Gericht ganz wegschneiden. Jede Stange in vier Stücke teilen und in 1/2 Liter Salzwasser 10 Minuten halbgar dünsten. Gut abtropfen und abkühlen lassen.

Den Reibkäse mit den Eiern, Salz und Pfeffer verschlagen. Mit einer kleinen Reibe eine Spur Muskatnuß zugeben. Ein Küchentuch bemehlen und darauf den Strudelteig zu einer dünnen, rechteckigen Teigplatte ausrollen, zusätzlich über den Handrücken ausziehen.

Den Teig mit den Schinkenscheiben belegen, am Teigrand je 3 cm freilassen. Die Lauchstücke darauf verteilen und mit der Eimasse bestreichen.

Mit Hilfe des Küchentuchs den Teig nicht zu fest zusammenrollen, die Teigränder ausziehen, etwas andrücken und die Teigenden unter die Strudelrolle stecken, damit die Füllung beim Backen nicht austritt.

Die Strudelrolle auf ein mit Butter gefettetes Blech legen, mit Eigelb bepinseln, reichlich mit Kümmel bestreuen und im vorgeheizten Backofen bei 180° C etwa 35 Minuten backen, bis der Strudel schön braun ist. 5 bis 10 Minuten abkühlen lassen, damit der Strudel sich besser aufschneiden läßt. Warm servieren.

Möhrenring mit Blumenkohl

1 kg	zarte Möhren
	Salz
120 g	Butter
1/8 l	Milch
4	Eier
	Pfeffer
	etwas Muskatnuß
1	Teelöffel Mehl
1	kleiner Blumenkohl
30 g	Semmelbrösel
5–6	dünne Scheiben Emmentaler oder Gouda
1	Eigelb

Die Möhren putzen und in 1/4 l Salzwasser im geschlossenen Topf dämpfen. Auf einem Sieb abtropfen lassen und passieren.

In einem Topf 80 g Butter erhitzen und das Püree dazugeben. Milch hinzugießen und bei mittlerer Hitze unter ständigem Rühren sämig kochen.

4 Eier trennen. 3 Eigelb an das Püree geben und darin verrühren. Das Eiweiß steifschlagen und unter die erkaltete Gemüsemasse ziehen. Salzen, pfeffern und mit geriebener Muskatnuß würzen.

In eine ausgebutterte, mit Mehl bestreute, kranzförmige Kuchenform füllen. Im vorgeheizten Backofen bei 180° C etwa 15 Minuten backen.

Inzwischen den geputzten, ganzen Blumenkohl in Salzwasser gar kochen und auf einem Sieb abtropfen lassen.

Eine flache Kuchenform ausbuttern und mit Semmelbröseln bestreuen.

Den Möhrenkranz darauf stürzen und in die Mitte den Blumenkohl setzen. Restliche Butter zerlassen, das Gemüse damit beträufeln und alles mit Käsescheiben bedecken. Mit dem glattgerührten Eigelb bestreichen. Die Blumenkohl-Möhrentorte bei 180° C goldgelb backen. Sofort auftragen.

Variante: Unter den Blumenkohl 1–2 Löffel gedünstete grüne Erbsen, Schinken, Pilze oder Bratenreste legen.

Kraut-Pastete

Teig:

600 g	Mehl
300 g	Butter oder Margarine
1	Teelöffel Salz
ca. 10	Eßlöffel Wasser
1	Ei

Füllung:

1 kg	Weißkohl
200 g	Zwiebeln
200 g	durchwachsener, geräucherter Speck
30 g	Schmalz
3	hartgekochte Eier
2	Eßlöffel gehackte Petersilie
2	Eßlöffel gehackter Dill
	Salz
	Pfeffer
1/2	Becher Crème fraîche

Mehl in eine Schüssel oder auf ein Backbrett geben.

In die Mitte eine Mulde drücken.

Butter- oder Margarineflocken auf den Rand legen. In die Mitte Salz, Wasser und Ei geben.

Von der Mitte her alle Zutaten erst mit der Gabel verrühren, dann mit dem Messer alles durchhacken und mit Händen zu einem glatten Teig verarbeiten. Diesen etwa 1 Stunde kalt stellen.

Für die Füllung den Weißkohl putzen, die schlechten äußeren Blätter abnehmen und den Kohl in feine Streifen schneiden.

Zwiebeln schälen und feinhacken.

Speck würfeln.

Schmalz auslassen, Kohl, Speck, Zwiebeln darin andünsten. Dann mit den hartgekochten, zerdrückten Eiern, Petersilie, Dill, Salz, Pfeffer und Crème fraîche vermischen.

Etwa die Hälfte des Teiges zu einem großen Rechteck ausrollen. Die Füllung in die Mitte geben, so daß ein etwa 5 cm breiter Rand stehen bleibt. Aus dem restlichen Teig eine zweite Teigplatte ausrollen und diese mittels des Nudelholzes über die Masse legen. Den überstehenden Teig abschneiden und den Rand mit den Fingern fest andrücken. Den Rand zur gewölbten Mitte hin aufrollen. Mit einer Gabel fest andrücken.

Mit einem Ausstecher einen „Schornstein" ausstechen, damit die Feuchtigkeit entweichen kann.

Die abgeschnittenen Teigreste ausrollen, für die Dekoration Herzförmchen ausstechen und mit verquirltem Eigelb auf die Pastete kleben. Die ganze Pastete mit Eigelb bestreichen und bei 175° C etwa 45 Minuten garen.

Möhren-Apfel-Torte

12 Stück

Teig:
100 g Mandeln
250 g Möhren
250 g Boskoop-Äpfel
Saft und Schale einer halben unbehandelten Zitrone
100 g Butterschmalz
120 g Zucker
1 Päckchen Vanillinzucker
1 Prise Salz
3 Eßlöffel Sahne oder Milch
4 Eigelb
200 g Mehl
50 g Speisestärke
2 Teelöffel Backpulver
4 Eiweiß
Fett für die Form

Zum Verzieren:
100 g Aprikosenkonfitüre
40 g geröstete Mandelblättchen
2 Eßlöffel Puderzucker
25 g gehackte Pistazien

Die Mandeln in kochendes Wasser geben, nach 2 Minuten in ein Sieb abgießen, kalt abbrausen und häuten. Fünfzehn schön geformte Mandeln beiseite legen, den Rest grob hacken und in einer Pfanne goldbraun rösten.

Die Möhren und die Äpfel schälen und grob raspeln. Sofort mit dem Zitronensaft und der abgeriebenen Zitronenschale vermengen.

Das Butterschmalz mit dem Zucker, dem Vanillinzucker, dem Salz, der Sahne und dem Eigelb kräftig verquirlen, bis sich der Zucker gelöst hat.

Das Mehl mit der Stärke und dem Backpulver mischen, zusammen mit der Möhren-Apfel-Mischung und den gehackten Mandeln untermengen. Das Eiweiß zu steifem Schnee schlagen, unter den Teig heben. In eine gefettete Springform (Durchmesser 24 cm) geben, bei 200° C 45–50 Minuten backen. Auf einem Kuchengitter abkühlen lassen.

Die Aprikosenkonfitüre in einem Töpfchen zerlassen, den Rand der Torte damit bestreichen. Die gerösteten Mandelblättchen andrücken. Die restliche Konfitüre auf die Torte streichen, trocknen lassen.

Die Torte leicht mit Puderzucker bestäuben. Für die Dekoration zwölf kleine Häufchen aus gehackten Pistazien als Kranz auf die Torte setzen, je eine Mandel hineinlegen.

In der Tortenmitte ein Nest aus gehackten Pistazien und den restlichen drei Mandeln legen.

Die
BUTTERSCHMA
Küche

Maße, Gewichte und Abkürzungen

l = Liter
ml = Milliliter
kg = Kilogramm
g = Gramm
TK- = Tiefkühl-
EL = Eßlöffel
TL = Teelöffel
125 ml = 1/8 l
250 ml = 1/4 l
500 ml = 1/2 l
750 ml = 3/4 l
1 000 ml = 1 l
1 dl = 100 ml
5 ml = 1 Teelöffel
15 ml = 1 Eßlöffel

Richtwerte für Maßangaben

1 gestrichener Eßlöffel wiegt:

Stärkemehl 7 g
Zucker 12 g
Mehl 7 g
Butter 15 g
Milch 15 g
Öl 12 g
Paniermehl 6 g
Rosinen 10 g
Reis 15 g
Wasser 15 g
Salz 15 g

1 gestrichener Teelöffel wiegt:

Stärkemehl 2 g
Mehl 2 g
Butter 5 g
Wasser 3 g
Salz 3 g

Bildnachweis
Molkerei A. Müller: S. 10, 37
CMA/Dt. Frischei: S. 17, 34, 69, 89
Integra/Römertopf International: S. 19, 20, 23
Ketchum/Dt. Champignons: S. 24, 58
Ketchum/CMA - Butterschmalz: S. 57, 90, 103
Köhnen: S. 101
alle übrigen Fotos: Hans Döring, München

REGISTER

Möhren-Käsekuchen

Den gebackenen Kuchen am besten 1 Tag lang ruhen lassen

12 Stück

1 kg	Möhren
	Salz
1/4 l	Milch
2	Eßlöffel Zucker
7	Eier
250 g	Butter
250 g	geriebener Emmentaler
100 g	Semmelbrösel
200 g	Rosinen
1	Messerspitze geriebene Muskatnuß
1	Teelöffel Zimt
	Butter und Mehl für die Form

Die Möhren waschen, schälen und in ca. 1 cm dicke Scheiben schneiden.

In Salzwasser ca. 30 Minuten kochen, bis sie weich sind. Abgießen und abkühlen lassen.

Die Möhren mit der Milch im Mixer pürieren.

Das Eigelb vom Eiweiß trennen und mit dem Zucker schaumig schlagen. Die Butter in kleine Stücke schneiden und unter die Eimasse arbeiten. Möhrenpüree, Käse, Semmelbrösel, Rosinen, Muskatnuß und Zimt zufügen und gut vermischen.

Eiweiß mit 1 Prise Salz sehr steif schlagen. Vorsichtig unter die Teigmasse heben.

Eine Springform mit 24 cm Durchmesser ausfetten und mit etwas Mehl bestäuben. Kuchenteig hineingeben und im vorgeheizten Backofen bei 220° C circa 1 Stunde auf der zweiten Schiene von unten backen. Garprobe!

Den Kuchen 10 Minuten in der Form abkühlen lassen, dann auf ein Kuchengitter stürzen.

Schweizer Rüblitorte

12 Stück

Teig:

6	Eier
6	Eßlöffel Wasser
10 cl	Kirschwasser
200 g	Zucker
250 g	gemahlene Haselnüsse
1	Päckchen Backpulver
50 g	Semmelbrösel
1	Messerspitze Zimt
1	ungespritzte Orange
250 g	Möhren
	Butter für die Form

Glasur:

250 g	Puderzucker
	Saft von einer Zitrone

Garnierung:

250 g	Marzipanrohmasse
50 g	geschälte Pistazienkerne
	gelbe und rote Speisefarbe

Die Eier trennen und das Eigelb mit Wasser, 6 cl Kirschwasser und 100 g Zucker schaumig schlagen, bis es fast weiß ist. Dann nach und nach gemahlene Haselnüsse, Backpulver, Semmelbrösel und Zimt unterrühren.

Orangenschale fein abreiben, Orange auspressen. Schale und Saft der Masse zufügen.

Möhren waschen und putzen, sehr fein reiben und sofort unter den Teig mischen, damit die Möhren nicht trocken werden und an Aroma verlieren.

Das Eiweiß mit dem restlichen Zucker sehr steif schlagen und vorsichtig unter die Masse heben.

Eine Springform mit 24 cm Durchmesser ausfetten, den Teig hineingeben und glattstreichen.

Im vorgeheizten Backofen bei 180° C auf der mittleren Schiene 45 Minuten backen. Herausnehmen und auf einem Kuchengitter ganz auskühlen lassen.

Für die Rübli das Marzipan mit je 1 Tropfen gelber und roter Speisefarbe verkneten. Eventuell noch einen kleinen Tropfen Farbe nachgeben. Um die Finger nicht zu verfärben, mit Kunststoffhandschuhen arbeiten.

Aus dem gefärbten Marzipan lange, fingerdicke Würste formen, in 4 cm lange Stücke teilen und zu Rübli drehen. In das dicke Ende 2 Pistazienhälften stecken, mit einem Messerrücken Rillen ziehen. Die restlichen Pistazien grob hacken.

Für die Glasur das restliche Kirschwasser mit dem Puderzucker und dem Saft einer Zitrone glattrühren. Die erkaltete Rüblitorte mit der Glasur überziehen. Einen Papierstreifen zu einem Ring mit 15 cm Durchmesser schließen und in die Mitte der Torte setzen. Den inneren Kreis mit den gehackten Pistazien ausstreuen.